Schmerzfrei schwimmen – Hausverstand Band IV

KARLHEINZ LAUBER

Schmerzfrei schwimmen – Hausverstand Band IV

Bibliografische Information der Deutschen Nationalbibliothek:

Die Deutsche Nationalbibliothek verzeichnet diese Publikation
in der Deutschen Nationalbibliografie; detaillierte bibliografische
Daten sind im Internet über https://portal.dnb.de/ abrufbar.

Satz, Umschlaggestaltung, Herstellung und Verlag:
BoD – Books on Demand, Norderstedt

ISBN: 978-3-7543-8581-4

Inhalt

Vorwort

Der vorliegende Teil der Schwimm-Bewegungs-Übungen ist
für Kranke und Gesunde, hauptsächlich aber für Schwimmer
geschrieben. Er soll für Kranke ein handlicher Leitfaden
bei der Selbstbehandlung von Beschwerden im Bereich des
Rückens, Halses und Beckens sein sowie eine Anregung für
Gesunde zur Vorbeugung solcher Gesundheitsstörungen.

Das Büchlein enthält eine begrenzte Auswahl einfacher
Schwimm-Bewegungs-Übungen. Es beschränkt sich in allem
bewusst auf das Notwendigste und ist so gehalten, dass
es auch ohne medizinische bzw. perfekte Schwimmkenntnisse
verstanden werden kann. Es gibt genügend Literatur auf
dem Gebiet der Bewegungstherapie, Heilgymnastik, Chirogymnastik
usw., es wird jedoch selten beschrieben, wie, wo
und wann vom Patienten Selbstbehandlungen durchgeführt
werden können und sollen.

Wie der Name »Schwimm-Bewegung« schon ausdrückt, soll
dieser Leitfaden vor allem den Schwimmern ein wertvolles
Hilfsmittel sein. Die Beschwerden schwinden meistens völlig
in relativ kurzer Zeit und treten normalerweise auch nicht
wieder auf, sofern nicht ungewöhnliche Belastungen auf den
Bewegungsapparat einwirken und die Übungen beibehalten
werden. Eine Altersgrenze für die Anwendung der Übungen
besteht praktisch nicht.

Wenn dieses Büchlein auch zum Handgebrauch geschrieben
wurde, heißt das nicht, dass bei akuten und chronischen
Schmerzen der Arzt entbehrt werden kann. Vor jeder Behandlung
steht nun einmal die ärztliche Diagnose, auch

dann, wenn die Durchführung der Übungen eine Selbstbehandlung ist. Bei vorhandenen Beschwerden sind eine zusätzliche Behandlung durch den Arzt, Heilmasseur und die verschiedenen Bewegungstherapeuten sowie gezielte Massagen und Wärmebestrahlungen wirkungsvoll.

Dieser Leitfaden ist, wie schon erwähnt, als Ergänzung der übrigen Bewegungs-Übungs-Literatur gedacht. Er ist bewusst einfach, kurz und für jeden Patienten verständlich gehalten und kann somit auch in Badeanstalten und dergleichen verwendet werden. Die Schwimm-Bewegungs-Übungen sollten nur unter Anleitung bzw. Aufsicht der hierfür ausgebildeten Fachkraft erlernt werden.

Karlheinz Lauber

Grundsätzliches zu Sinnvollen Schwimm-Bewegungs-Übungen

Die heutigen Lebensbedingungen zwingen die Menschen vielfach zu Körperhaltungen und -bewegungen, in deren Folge Herz, Lunge, Kreislauf, Bindegewebe, Muskeln und Gelenke einseitig belastet oder unterbeansprucht werden. Es entstehen Fehlhaltungen und -funktionen, die schließlich, wenn sie nicht behandelt werden, zu Dauerbeschwerden führen.

In meiner langjährigen Arbeit, sei es als Schwimmlehrer oder Heilmasseur, konnte ich beobachten, dass nahezu jeder zweite Mensch aller Altersstufen an Bewegungsstörungen leidet. In ca. 10 Jahren wird jeder Mensch mit solchen Beschwerden belastet sein. Leider wird die Sache immer noch viel zu wenig ernst genommen und es kommen Ausdrücke wie: »Es ist eine Verkühlung, ich habe mich verrissen oder man kann ja doch nichts dagegen machen« usw. vor. Würde man solche Störungen frühzeitig und richtig behandeln, könnte man diese Negativzahl wesentlich verringern. Dazu wird es allerdings notwendig sein, dass Ärzte, Heilmasseure und Bewegungstherapeuten jeder Art sich noch mehr damit befassen.

Die Schwimm-Bewegungs-Übung ist ein Verfahren zur Behandlung mannigfacher Beschwerden der Gelenke und Muskeln. Sie ist auch ein gutes Training zur Stärkung des Herzens, Kreislaufs und der Lunge.

Zwecklos aber ist gewaltsame Bewegung, die starke Schmerzen verursacht.

Wasser ist ein bewährtes und altes Heilmittel, das für eine Behandlung durch den hydrostatischen Druck besonders gut geeignet ist. Leider beherrschen nur wenige Schwimmer richtig die verschiedenen Schwimmarten (Kraul-, Brust- und Delphinschwimmen sowie Rückenkraul). Es ist daher falsch, dem Patienten einfach zu sagen, er solle viel Kraulen oder Rückenschwimmen, wenn er es kaum beherrscht.

Denn krampfhafte und unrichtige Schwimmbewegungen können Unsicherheit und vorhandene Störungen negativ beeinflussen.

Wann sind Schwimm-Bewegungen zu empfehlen?

Immer wieder wird von Patienten gefragt, was für ihre Gesundheit gut wäre. Oft bekommen sie die Antwort, sie sollen viel schwimmen. Diese Antwort halte ich nicht für ausreichend, ja sogar für leichtsinnig.

Schwimmen ist wohl eine sehr gesunde Betätigung, aber trotzdem muss der Patient mit den wichtigen Regeln vertraut gemacht werden. Leidet der Patient an den verschiedenen Bewegungsstörungen, sind nur gezielte, vom Fachmann zusammengestellte Übungen sinnvoll. Als Fachmann für diese Übungen gelten Ärzte, Heilmasseure und Bewegungstherapeuten (Heilgymnasten), die allerdings die Kunst des Schwimmens voll beherrschen müssen. Ein noch so guter Therapeut, der das Schwimmen recht und schlecht oder gar nicht beherrscht, kommt als Behandler wohl nicht in Frage. Ein Arzt zum Beispiel wird kaum ein Medikament verschreiben, dessen Wirkung er sich nicht selbst bewusst ist.

Die verschiedenen Übungen zur Selbstbehandlung sollten, wie schon im Vorwort erwähnt, von diesem Fachmann vorgeführt und erlernt werden. Bei akuten Störungen ist es nötig, dass der Behandler die Übungen selbst vorführt. Gruppenübungen sind in diesem Fall abzulehnen, denn die Bewegungen des Patienten müssen genau beobachtet werden.

Auch nach einer erfolgreichen Selbstbehandlung ist eine Kontrolle durch den Arzt, Heilmasseur oder Therapeuten, die als Team arbeiten sollten, notwendig.

Schwimmen

Vier Schwimmarten sind im Schwimmsport maßgebend: Brustschwimmen, Kraulen, Rückenkraulen und Delphinschwimmen.

Häufig wird eine alte Art, das Seiten- oder Matrosenschwimmen, immer noch angewandt, allerdings nicht mehr im Kampfsport.

Welche Schwimmarten sind nun für unsere Schwimm-Bewegungs-Übungen anzuwenden? Es sind Kraulen und Rückenschwimmen bzw. Rückenkraulen. Leider beherrschen wenige Hobbyschwimmer diese Arten gut. Aber in unserem Fall ist es nicht maßgebend, wie schön man schwimmt, und man soll sich auch nicht bemühen, perfekt zu schwimmen, sondern vielmehr darauf achten, dass die Übungen locker und gemütlich durchgeführt werden.

Ich möchte aber nicht damit ausdrücken, dass z. B. Brustschwimmen schädlich sei. Bei einem gesunden, durchtrainierten Schwimmer wird kein Schaden entstehen, aber in unserem Fall kann die Bewegungsstörung negativ beeinflusst werden. Es sind daher nur gezielte, ausgleichende und nicht einseitige Übungen erfolgversprechend (siehe Brustschwimmen).

Damit die Schwimmübungen nicht krampfhaft oder kräfteraubend durchgeführt werden, sind weiche, nicht zu große Schwimmflossen ein wertvolles Hilfsmittel – die notwendigen Schwimmarten werden dadurch leichter beherrscht.

Schwimmunkundige

Leider können immer noch ca. 50 % der Menschen überhaupt nicht oder sehr schlecht schwimmen. Ein guter Schwimmer muss in der Lage sein, längere Strecken ohne zu ermüden zu bewältigen und darf unter und ober Wasser keine Unsicherheit haben. Die Übungen können jedoch auch einem Nichtschwimmer verordnet werden, sofern der Ort der Handlung dementsprechend ist (z. B. Hüft- und Brusttiefe). Bei regelmäßiger Durchführung der Übungen wird der Nichtschwimmer durch die Gewöhnung an das Wasser eventuell Gefallen am Schwimmen finden und sich an einem Schwimmkurs, nach Absprache mit dem Arzt, beteiligen. Günstig ist es, wenn der Patient mit einem geübten Schwimmer (Bekannten) als Hilfe die erlernten Übungen durchführt. Ist trotzdem eine Unsicherheit vorhanden, ist es richtig, dem Patienten an den Armen eine Schwimmhilfe umzuhängen. Jedoch nicht um die Brust oder Hüfte, da sonst die Bewegungsübungen gestört werden.

Die Schwimm-Bewegungs-Übungen sind vor allem jedoch für Schwimmer gedacht. Nichtschwimmer finden für die Unter-Wasser-Bewegungs-Übungen bzw. Heilgymnastik ausreichende Literatur. Flossen sind für den Nichtschwimmer weniger gut geeignet, da er sich ohnehin nur gehend oder tretend im Wasser fortbewegen kann.

Die nachstehenden Bewegungsübungen, die auch für Schwimmunkundige teilweise geeignet sind, sind mit dem Zuwort »Nichtschwimmer« in Klammer angeführt.

Nichtschwimmer, die unter Wasserscheu, Platzangst, Tiefenangst oder Ertrinkungsangst usw. leiden, dürfen die Übungen niemals ohne die medizinische Fachkraft durchführen. Deshalb möchte ich nochmals betonen, dass es unverantwortlich ist, einfach dem Patienten ohne vorherige Absprache mit dem Fachmann zu empfehlen, er solle fleißig im Wasser solche Übungen durchführen.

Schwimmer, die unter Angstzuständen jeder Art im Wasser leiden, sind keine geübten Schwimmer und sind in bestimmten Fällen entweder unter Nichtschwimmer einzureihen oder auch ganz von den Übungen auszuschließen.

Verteidigend für die Menschen, die das Schwimmen nicht beherrschen, möchte ich ausdrücken, dass trotz unserer modernen Zeit es ihnen in den meisten Fällen nicht möglich ist, einen Schwimmkurs, sei es aus zeitlichen, finanziellen oder ortsgebundenen Gründen, zu besuchen.

Trotzdem möchte ich aber empfehlen, irgendwie, sei es im Urlaub oder sonst, das Schwimmen zu erlernen.

Geeigneter Ort für die Schwimm-Bewegungs-Übungen

Maßgebend für die erfolgreiche Behandlung ist der Ort bzw. der Übungsraum. Der Übungsort muss psychisch und physisch dem Patienten entsprechen.

Am besten geeignet ist ein Hallenbad. Unbedingt zu beachten ist die Temperatur des Wassers und der Luft. Die Wassertemperatur muss mindestens 26° Celsius und die Luft um 3° mehr betragen. Seen oder gar Flüsse sind daher meist ungeeignet.

Der Übungsraum soll hell sein und verschiedene Wassertiefen aufweisen. Brust- und Hüfttiefen sind unbedingt notwendig. Der Beckenrand soll mit einer Festhaltemöglichkeit ausgerüstet sein. Stiegen und Leitern sind dafür besonders geeignet. Eine heiße Dusche muss selbstverständlich vorhanden sein. Behandlungsorte mit großem Lärm, z. B. Musik, Geschrei usw., sollen gemieden werden.

Übungszeit

In den Morgenstunden wären die Schwimm-Bewegungs-Übungen am besten wirksam. Diese Zeit kann von einem Patienten, der im Krankenstand, Urlaub oder Pension usw. ist, voll ausgenützt werden. Dieser Leitfaden ist aber für alle Patienten, vor allem für Berufstätige, geschrieben.

Grundsätzlich ist aber eine Zeit, in der am Übungsort einigermaßen Ruhe herrscht, zu wählen. Nach einer außergewöhnlichen Belastung, z. B. harter Arbeit, ausgiebigem Essen usw., sollten die Übungen nicht durchgeführt werden. Für Gesunde wiederum werden nach zweistündiger Pause der Belastungszeit die Übungen entspannend wirken. Mindestens zweimal in der Woche sollten die Übungen laufend durchgeführt werden.

Immer wieder hört man von Patienten, dass sie keine Zeit für derartige Übungen zur Verfügung haben, was ich aber energisch bestreiten möchte. Wie oft besucht man ein Café, Kino, Theater usw. und verbringt so die Freizeit. Stattdessen kann man auch mit der Familie oder Bekannten gesunde und fröhliche Stunden in einem Hallenbad verbringen.

Der Patient darf aber die Regeln der Schwimm-Bewegungs-Übungen dabei nicht außer Acht lassen!

10 Grundregeln zum sinnvollen Schwimmen für Patienten

1. Kurze Schwimmstrecken, ca. 20 bis 25 Meter.
2. Sichtbares Ziel mit Steh- oder Haltemöglichkeit.
3. Nach jeder zurückgelegten Strecke ca. 2 Minuten Pause.
4. Abwechselnd Kraulen und Rückenschwimmen (Brustschwimmen).
5. In den Pausen ruhig durchatmen.
6. Am Anfang, zum Schluss und dazwischen Rückenschwimmen ohne Arme, die Arme werden seitlich gehalten, locker und ruhig schwimmen.
7. Nach 30 Minuten schwimmen heiße Dusche und Pause.
8. In der Pause hinlegen und Beine hochlagern.
9. Je nach Befinden des Patienten kann man die Übungen weiterführen, jedoch höchstens eine Stunde.
10. Bei Auftreten von großen Schmerzen Übungen abbrechen und dem Arzt berichten.

Rückenkraulen

Es soll nicht mit Gewalt versucht werden, die Arme hoch-
zuschlagen oder durchzuziehen, sondern man lässt sie ruhig
und locker in das Wasser hineingleiten. Wichtig ist dabei nur,
die Arme durchzustrecken. Der Kopf liegt ruhig und nicht
angespannt im Wasser. Die Beine werden dabei ebenso ruhig
und locker auf und ab bewegt. Wichtig ist, nicht im Wasser
zu sitzen, sondern den ganzen Körper durchzustrecken, aber
wie schon erwähnt, nicht gewaltsam!

Rückenschwimmen

Der Vorgang beim Rückenschwimmen ist praktisch derselbe wie beim Rückenkraulen, nur werden die Arme nicht nach oben und hinten bewegt. Jedoch können und sollen bei Unsicherheit oder Schwäche die Arme seitlich neben den Oberschenkeln als »Ruder« verwendet werden. Ebenso kann man auch die Arme als »Steuer« benützen. Dieses Rückenschwimmen ist die leichteste und entspannendste Schwimmart.

Kraulen

Kraulen ist im Allgemeinen die schwierigste und anstrengendste Schwimmart, wenn sie richtig ausgeführt wird. Sie sollte nur von Patienten, die sie tatsächlich gut beherrschen, nicht kräfteraubend durchgeführt werden. Vor allem sollte man darauf achten, dass die Arme wieder durchgestreckt in das Wasser gleiten. Für Patienten, die das Kraulen nicht gut beherrschen, ist das Rückenkraulen ebenso wirkungsvoll.

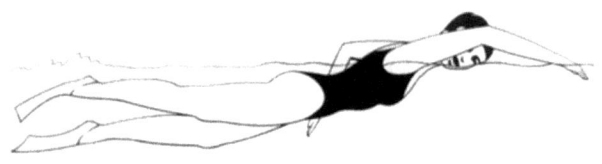

Seitenschwimmen

Wichtig ist beim Seitenschwimmen, dass man regelmäßig die Seite wechselt; die Arme gut durchstrecken, den Kopf nicht hochheben.

Allgemeines über das Schwimmen

Unbedingt zu beachten ist, dass diese Anleitung nicht als Unterricht für Schwimmen oder Kampfschwimmen gedacht ist, sondern ein Hinweis sein soll zur Vorbeugung und Heilung von Bewegungsstörungen. Die angeführten Schwimmarten können, wie schon erwähnt, mit einfachen, weichen Schwimmflossen leichter durchgeführt werden.

Brustschwimmen

Brustschwimmen durchblutet und stärkt die Hals- und Schultermuskulatur hervorragend!

Dies aber nur, wenn man **RICHTIG** schwimmt.
   Das heißt: Falsche Atemtechnik ist häufig eine Quelle mehrerer Fehler.

<u>Der Kopf soll nicht bewusst in den Nacken genommen werden.</u>
   Ausgeatmet wird durch den Mund in das Wasser!

Beim Einatmen den Kopf nicht zu weit aus dem Wasser heben. Die Gleitlage wird gestört. Dadurch kommt man in eine Hohlkreuzlage.

Wegen der Hohlkreuzlage beim Brustschwimmen besteht die häufige Meinung, man solle nicht Brustschwimmen. Dies ist nur bedingt richtig.

<u>DURCH ÜBERSTRECKEN DER BEINE UND/ODER GRÄTSCHSTELLUNG DER KNIE NACH INNEN, KÖNNEN NERVENWURZEL- UND/ODER ISCHIAS-SYMPTOME AUFTRETEN.</u>

Bewegungsübungen

1. Wassertreten
Man tritt im tiefen Wasser von einer Haltemöglichkeit zur anderen und lockert dazwischen immer die Beine. Man kann ohne Weiteres die Arme als Hilfe verwenden.

2. Wassergehen (für Nichtschwimmer)
Man geht ohne Flossen im hüfttiefen Wasser und lässt dabei die Arme locker hängen oder auch leicht schwingen.

3. Knieanziehen (für Nichtschwimmer)
Man zieht abwechselnd die Knie im brusttiefen Wasser bis zum Oberkörper an. Bei schlechtem Stand kann man sich auch leicht anlehnen (Beckenrand usw.).

4. Paket
Man holt reichlich Luft, die Knie sind gebeugt, der Kopf wird bis zu den Knien hingezogen und beide Arme umfassen beide Unterschenkel: In dieser Haltung unter Wasser verbleiben, bis die Luft aufgebraucht ist. Die Übung höchstens 3 x durchführen.

5. Strampeln (für Nichtschwimmer

Man liegt ausgestreckt auf dem Rücken, hält sich mit beiden Armen rückwärts am Beckenrand oder Ähnlichem an und bewegt die Beine wie beim Rückenschwimmen auf und ab. Diese Übung sollte nicht auf dem Bauch liegend durchgeführt werden!

6. Ziehen

Man liegt wiederum am Rücken, streckt die Arme nach hinten und lässt sich im hüfttiefen Wasser von einem Helfer langsam ziehen. Dabei kann der Patient auch die Beine wie beim Schwimmen als Hilfe verwenden, wobei zu beachten ist, dass er nicht im Wasser sitzt. Man liegt wiederum am Rücken, streckt die Arme nach hinten und lässt sich im hüfttiefen Wasser von einem Helfer langsam ziehen. Dabei kann der Patient auch die Beine wie beim Schwimmen als Hilfe verwenden, wobei zu beachten ist, dass er nicht im Wasser sitzt.

7. Kopfneigen (für Nichtschwimmer)

Man neigt abwechselnd den leicht nach hinten gebeugten Kopf im halstiefen Wasser zur Schulter. Die Arme und die Schultern müssen dabei ruhig bleiben.

8. Armkreisen (für Nichtschwimmer)

Man kreist mit ausgestreckten Armen zuerst nach vorne, dann nach hinten, so wie auch mit jedem Arm einzeln, wobei der Oberkörper und der nicht kreisende Arm ruhig bleiben (Halstiefe).

9. Gleiten

Man steht im hüfttiefen Wasser und legt sich dann mit ausgestreckten Armen rücklings auf das Wasser; in dieser Stellung lässt man sich einige Meter gleiten. Den Vorgang mehrmals wiederholen und dabei beachten, dass der Kopf nicht am Beckenrand oder dergleichen anstößt.

10. Rückenkraulen aus dem Stand (für Nichtschwimmer)

Man hält sich mit den Zehen an einer Leiter auf dem Rücken liegend fest und bewegt die Arme wie beim Rückenkraulen. Zu beachten ist wieder, dass man nicht im Wasser sitzt und die Übung locker durchführt.

Schwimmen für Hunde

Auch der »beste Freund des Menschen« kann Probleme mit dem Bewegungsapparat haben. Rasse, Übergewicht, Bewegungsmangel bzw. Überforderung kann Hunden Schmerzen bereiten.

Für Pferde (Rennpferde, Rassepferde usw.) ist Schwimmen eine sehr wirksame Therapie.

Aus unverständlichen Gründen ist oft in See- oder Meer-Wasser das Schwimmen für Hunde verboten.

<u>Hunde können von Natur aus gar keinen Urin oder Kot im Wasser ablassen!</u> Der Mensch hingegen schon.

Meerwasser tut Hunden gut. <u>Sie sollten es aber nicht trinken!</u>
Für trockene Ohren sorgen! Immer ausreichend Trinkwasser
am Ufer bereitstellen. Abduschen ist nicht notwendig. Auf
Seeigel achten!

(»Rückenkraulen ist für Hunde weniger geeignet«.)

Erste Hilfe bei Unterkühlung durch Wasser

Die »Gänsehaut« ist das erste Anzeichen einer Unterkühlung. Ebenso das Zähneklappern und vorerst zeitweilige Auftreten von Muskelzittern. Werden diese Anzeichen nicht beachtet, tritt eine Gefäßlähmung ein, die von schweren Krämpfen begleitet sein kann. Die Haut wird blau.

Nach dem Verlassen des Wassers sinkt die Körpertemperatur weiterhin ab und das Zittern nimmt zu. Es müssen sofort entsprechende Maßnahmen ergriffen werden, sonst dauert es stundenlang, bis die Körpertemperatur wieder normal ist.

Auflegen von heißen Steinen oder in Flaschen gefülltes heißes Wasser auf Bauch und Brust legen, wärmt den Körper. Den Unterkühlten in heiße, feuchte Tücher legen. Alle heißen Anwendungen nicht auf unbedeckter Haut (Gefahr von Verbrennungen).

Sind keine Hilfsmittel vorhanden, muss man den Unterkühlten mit dem eigenen Körper erwärmen.

Ist der Unterkühlte bei Bewusstsein, sind heiße Getränke (kein Alkohol!) zu verabreichen.

Steht ein Bad o.Ä. zur Verfügung muss so schnell wie möglich »wiedererwärmt« werden. Die schnelle Wiedererwärmung sollte in einem Bad von 30° Celsius, das bis 40° Celsius gesteigert wird, erfolgen. Da nach jeder erfolgten Aufwärmung die Gefahr eines Erwärmungskollapses besteht, darf sich der Unterkühlte nicht bewegen.

Sinkt die Körperkerntemperatur unter 30° Celsius, wird der Unterkühlte tief bewusstlos. Es besteht höchste Lebensgefahr! Der Bewusstlose muss wiederbelebt werden. Niemals aufgeben, bis ärztliche Hilfe eintrifft. Wiederbelebungsversuche werden auch nach länger als 5 Minuten bestehenden klinischen Tod ohne irreversible Schäden mit hoher Erfolgswahrscheinlichkeit durchgeführt.

Zitate: Bücher von Karlheinz Lauber

»Wir haben diese Bücher durch unseren medizinischen Berater prüfen lassen. Als Ergebnis dieser Prüfung werden wir die Versicherungsträger auf diese Broschüren aufmerksam machen.«

**(Hauptverband der
Österreichischen Sozialversicherungsträger)**

»Wir freuen uns über Ihre Zusage, im Rahmen unserer Führungskräftetagung ein Referat über Ihre Tätigkeit, Ihre Ideen zur ambulanten Behandlung der von Ihnen behandelten Krankheiten zu halten.«

(Austria Collegialität, Landesdirektion für Tirol)

»…Von Ihren 2 Büchern, die zwar beim ersten Anblick als sehr verschieden erscheinen, aber – da wir den Menschen als eine »Einheit« betrachten – sehr wohl miteinander zusammenhängen …«

(Univ. Prof. Dr. Erwin Ringel)

»Wir gratulieren Ihnen zu Ihren Büchern … Die auch für den medizinisch nicht vorgeschulten Patienten verständlich sind. Und empfehlen Ihre Bücher, die wertvolle Tipps enthalten.«

**(Kammer der gewerblichen Wirtschaft für Tirol,
Dipl.-Vw. Dr. Norbert Beyer)**

»Kurz und übersichtlich, gut verständlich … Erfrischend stellt sich auch der Text dar, der doch deutlich zeigt, wie wesentlich die Zusammenarbeit von Arzt und Heilmasseur ist. Gut auch die Hinweise auf diverse »Fehlpraktiken«, die eine mit harter Handwerksarbeit und viel Erfahrung verbundene gute therapeutische Hilfe oft in Misskredit bringt.«

**(Dr. Fritz Reinhardt,
Facharzt für Innere Medizin, Kardiologie)**

»Durch die schnell wachsende Zahl von Haltungsschäden und degenerativen Erkrankungen, die sich in Zukunft noch erhöhen wird, kommt der physikalischen Therapie und somit auch der Massage ein besonderer Stellenwert im Rahmen der umfassenden Gesundheitsbetreuung zu. In der Gewissheit, dass sich sowohl Therapeuten als auch Laien aus Ihren Büchern wertvolle Tipps holen können, wünsche ich Ihnen weiterhin viel Erfolg.«

(Bundesminister für Gesundheit, Ing. Harald Ettl)

»Meine Beurteilung geht dahingehend, dass sie eindrucksvoll geschildert, übersichtlich, handlich, kurz und interessant gehalten sind. Auch für den Laien gut verständlich und deshalb absolut empfohlen werden können.«

(Med. Rat, Dr. Henrike Hämmerle)

»… Aber auch sehr sinnvolle Verhaltensmaßnahmen. Besonderen Wert erhält durch anschaulichen Zeichnungen. Gibt neben einem Überblick über Massageformen eine sehr eindrucksvolle Anleitung für die einzelnen Massagearten. Durch reichhaltige Dokumentation werden die einzelnen therapeutischen Maßnahmen bestens dargestellt. Ich wünsche eine weite Verbreitung.«

(Dr. Axel Gföller, Facharzt für Orthopädie)

»… Insbesondere leitet sie zu verstärktem Gesundheitsbewusstsein an, zeigt präventive Möglichkeiten auf.«

(Tiroler Gebietskrankenkasse, Dir. Dr. Walter Hengl)

»… Habe Ihr Buch mit Interesse gelesen und auch einiges daraus gelernt.«

(Dr. Werner Söser, Facharzt für Hals-, Nasen-, Ohrenheilkunde)

»Wie geht es Ihrer Halswirbelsäule?« … Für alle Menschen jeder Altersstufe, die an Wirbelschäden leiden, sicherlich willkommenes Werk. Auf allgemein-verständlicherweise Weise wird alles aufgezeigt, was beachtet werden müsste, um möglichst glimpflich weiter durchs Leben zu kommen. Die leicht durchzuführenden Bewegungsübungen, die Lauber schildert, bieten für jedermann Möglichkeiten, selbst für eine Linderung von Schmerzen oder die Bewahrung von neuerlichen schmerzhaften Attacken beizutragen.«

(Hofrat Dr. Anton Heinz Spielmann, Richter)

»Aus der Sicht des Chirurgen, des Unfallchirurgen und des Orthopäden kann der Wert der medizinischen Massage nicht hoch genug eingeschätzt werden, wird diese konservative Anwendung doch mehr und mehr prä- und postoperativ und besonders auch in der Rehabilitation eingesetzt.

Durch langjährige praktische Arbeit konnte der Autor bewährte Methoden mit neuen Ideen kombinieren. Dieses Buch soll Leitfaden und Anstoß zur Weiterentwicklung der medizinischen Massage sein. In diesem Sinne ist dem ...«

»Ihr neuestes und hoffentlich noch nicht letztes Werk habe ich mit großem Interesse gelesen. Vor allem möchte ich Ihnen für die vielen gesundheitserhaltenden Tipps und die verständlichen Übungsanleitungen danken ...«

(Dr. Ingrid Vogl, Juristin)

»Ein neues Buch hat der Innsbrucker Massage-Therapeut Karlheinz Lauber unter dem Titel ‚Wie geht es Ihrer Halswirbelsäule‘ herausgebracht. In zahlreichen Tipps, mit Zeichnungen veranschaulicht, erfährt der Leser, wie sich Verspannungen auflösen, die Muskulatur stärken und sein psychisches Wohlbefinden verbessern kann.”

(Tiroler Wirtschaft)

»... Sie haben darin einige grundlegende Erfahrungen festgehalten, die für alle, die sich mit dem Schwimmen befassen, von Nutzen sind.«

(Univ. Prof. Dr. med. R. Günther)

»Es ist Ihre besondere Leistung, dass Sie sich dem Rettungsschwimmen verschrieben und darüber als Insider und Autor ein sehr informatives Buch herausgegeben haben.

Solange der Mensch in Sicherheit ist, denkt er nicht viel nach. Im Augenblick der Gefahr würde er für seine Rettung alles geben.

Seien wir dankbar, dass es wagemutige, begeisterte und aus-
dauernde Menschen gibt, die hohe Ideale Tag für Tag tatsächlich leben! Karlheinz Lauber ist ein vorbildlicher Vertreter
dieser seltenen Spezies.

(Landessanitätsdirektor Hofrat
Dr. med. Christoph Neuner)

Nachwort – Ende

Vor Jahren wurde gestaunt, als ich in einem öffentlichen Hallenbad mit Patienten nach ärztlicher Verordnung »Schwimmbewegungs-Therapie« durchführte. Schon damals war ich der Meinung, dass z. B. einfaches Hin- und Hergehen im Wasser gut für den Bewegungsapparat ist. Die »neue Erfindung« heißt heutzutage – modern klingend – »Aqua-Fitness«.

Die »Schwimmbewegungs-Therapie« wurde von einem in Europa bekannten Arzt (Pionier der manuellen Medizin und Wissenschaftspreisträger) OSR Dr. med. RICHARD STROHAL verordnet.

Besonderer Dank gilt Herrn Univ. Prof. DDr. med. O. Ravanelli für die damalige ärztlich-wissenschaftliche Beratung.

Als staatlich geprüfter Schwimmmeister-Lehrer und Heilmasseur konnte ich die »Schwimmbewegungs-Therapie« ideal koordinieren.

BESONDERS FÜR SCHLECHTE SCHWIMMER EMPFEHLE ICH NACH WIE VOR SCHWIMM-FLOSSEN. (Wertvolles Hilfsmittel)

ZU BEACHTEN: neue wissenschaftliche Erkenntnisse

SCHWIMMEN ERHÖHT DEN BLUTHOCHDRUCK!

Asthma-, Lungen- und Bluthochdruck-Kranke sollten unbedingt den ArztIn befragen!

Neue BS

Wildwasser ist anders. Nur überdurchschnittliche Kondition und das Wissen um die Gefahren machen Überleben möglich.

Das Spiel mit der Gefahr kann berauschend sein. Immer mehr Menschen drängt es zu Abenteuern der extremen Art. Drachenfliegen, Extremklettern, Wildwasserschwimmen und Rafting gehören dazu. Wir wollen heute gar nicht untersuchen, warum das so ist – wir fragen lieber Karl Heinz Lauber, ob und wie man unvorhergesehenen Gefahren wirksam begegnen kann. Der Tiroler ist von Beruf Heilmasseur und hat sich schon früh als Rettungsschwimmer hervorgetan. Um Gefahren und Risiken noch besser einschätzen zu lernen, hat er sich dem Extremsport des Wildwasserschwimmens verschrieben. Seine spektakulärste Leistung: die Strecke im Inn von Landeck bis Innsbruck (114 km) in 8,5 Stunden zu schwimmen und damit die Eintragung ins Guinnessbuch der Rekorde (1983) zu schaffen. Die größte Gefahr für den sportlichen Laien sieht Karl Heinz Lauber in der Überschätzung der eigenen Fähigkeiten. »Ein noch so guter Schwimmer, der aber nur an Schwimmbäder oder ruhige Seen gewöhnt ist«, sagt Lauber, »wird im eiskalten, fließenden Gewässer zum Nichtschwimmer.« Wenn auch noch Alkohol im Spiel ist, bedeutet das dann nur allzu oft den Tod.

Vielen sind noch die schrecklichen Unfälle beim Rafting in Erinnerung. Diese Extremsportart sollte nur unter anerkannt sachkundiger Führung trainiert werden und kommt für Otto Normalverbraucher sowieso nicht in Frage. Sehr schnell aber ist im Urlaub ein Schlauchboot vorhanden, auf den nächstbesten Fluss gekarrt und eine muntere Floßfahrt inszeniert. Hier ein paar Tipps, was dabei auf jeden Fall zu beachten ist:

- Boote müssen manövrierfähig und materialmäßig geeignet sein. Sie müssen rundherum mit Halteseilen gesichert sein, denn das kann beim Kentern Leben retten.

- Kritische Punkte wie Brücken oder Pfeiler nie ansteuern, da sie einen gefährlichen Sog bewirken. Lieber in der Nähe des Ufers passieren.

- Statt behindernder Schwimmwesten lieber einen Neoprenanzug (4 mm dick) tragen. Schutzhelm und Schwimmflossen sind für jede Wildwasserpartie ein absolutes Muss. Schwimmwesten sind nur für simples Bootsfahren geeignet, wenn Passagiere nur in Zivilkleidung an Bord sind. Für sportliche Aktivitäten sind sie aber unzureichend.

- Ohne vorangegangenes Abhärtungs- und Konditionstraining sollte eine Bootstour in extremem Wildwasser nie unternommen werden. Beim unvermeidlichen Kentern können Untrainierte durch Kälte und Stress in lebensgefährliche Schockzustände gelangen.

- Als Härtetest zur Wassertauglichkeit gilt: Jeder Rafting-Teilnehmer muss fähig sein, Wasserwirbel und extrem kaltes Wasser auf einer Strecke von mindestens zwei bis drei Kilometern zu bewältigen.

- Im extremen Wildwasser ist es unmöglich, mit herkömmlichen Schwimmarten ans Ufer zu gelangen. Man muss hier mit leicht angewinkelten Beinen und angehobenem Kopf auf dem Wasser liegen. So ist der Kopf vor Verletzungen geschützt, außerdem hat man die Möglichkeit, herannahende Gefahren rechtzeitig zu erkennen.

- Ganz wichtig: Immer ein Tauchermesser in Griffbereitschaft haben! Sollte man am Boot oder am Rettungsseil hängen bleiben, kann man sich rasch und schnell befreien. Gleiches gilt für Zweige, Äste und anderes Treibgut.

Abenteuerurlaub ist Spiel mit dem Unbekannten. Wen dieses Wagnis reizt, muss Training und Erfahrung mitbringen. Alle Sportler, die sich jemals einen Namen gemacht haben, schreiben auch die Verantwortung für sich und andere riesengroß!

Ehrenamtliche Chronik

Mitglied der Österreichischen Wasserrettung.

Materialwart – Haupteinsatzstelle Innsbruck

Einsatz-Achenseegroßschauübung-Demonstration-Rettungs-brett. Schauvorführung auf Rettungsmatratze von Motor-boot mit über 70 km/h gezogen. Einsatzdienst am Dampfer.

Teilnehmer bei Tauchsuch-Einsatz im Heiterwanger-See. Rettungsdienst bei Volksschwimmen und Demonstration für ORF: »Rettungsgriffe«. Im Urlaub: Rettungsdienst Walch-see – 6 Erste-Hilfe-Leistungen und eine Lebensrettung.

HAUPTEINSATZLEITER Innsbruck. Mehrere Übungen-Rettungsgeräte- Wiederbelebung-Bergung und Spezialsicherung beim Turmspringen. 2 Realismuseinsatzübungen mit Rotem Kreuz im Tivoli. Neue eigene Erste-Hilfe-Fahne. Ausbildner und Prüfer zahlreicher Schwimmleistungsabzeichen. Ausbildner und Prüfer der schwierigsten Rettungsschwimmerdisziplin – »Blaues Kreuz«.

Gründer und Einsatzleiter der Einsatzstelle Lanser See. Initiator und Einsatzleiter der ersten Schauübung. Einsatzübung mit dem gesamten Öl-Katastrophenzug der Berufsfeuerwehr Innsbruck.

Einsatzleiter – Hallenbad Innsbruck. Ausbildung, Training und Prüfung des Einsatzdienstes. Produktion 2 Rettungsschwimmer-Lehrfilme mit Unterstützung der Berufsfeuerwehr Innsbruck. Lehrer und Prüfer über hundert Schwimmleistungsabzeichen. Erstmaliges Abendschwimmen mit Unterwasserscheinwerfer.

Erstmals in Österreich Rettungsschwimmen-Schauvorführung an der Innsbrucker Messe. Mit stündlicher Unterstützung über Messelautsprecher von Reklamebüro Novitas-Guggenberger.

Gründer und Haupteinsatzleiter der ersten Einsatzstelle im Oberinntal – Imst. Erster Spezialerstehilfekurs für Rettungsschwimmer mit Unterstützung des Roten Kreuz Imst. Schwimmbad Imst: Erste ABC Tauchübung, erste Geräte-Tauchübung, erste Großschauübung, wobei das neue Einsatzteam der Öffentlichkeit vorgestellt wurde. Erste Rettungsschwimmerausbildung im Oberinntal-Schwimmbad Imst bis 21.30 Uhr. Erste Realismusrettungsschwimmer-Einsatzübung ohne Vorwarnung mit Rettungswagen Rotes Kreuz Imst.

Erste Nacht-Hochwasser-Übung im Inn mit Scheinwerfer-unterstützung Rotes Kreuz Imst.

Initiator und EINSATZLEITER der größten Wildwasser-schauübung Österreichs in Imst. Über 3000 Zuschauer und über 100 Teilnehmer. Wasserrettungen aus ganz Tirol, Polizei, Bergrettung, Feuerwehr, Bergwacht, Rotes Kreuz, Bundesheer, Zivilschutz, Ehrenschutz: BM, KR Adolf Walch.
Einsatzleiter der ersten Motorbootübung im Inn bei Imst.

Gründer des ersten Wildwasser-Rettungsschwimmer-Katastrophenzugs in Tirol. Mehrmaliger Einsatz und Übungsleiter in der Ötztaler Ache und Inn. Erstellung des ersten Alarmplanes mit Gendarmerie. Anmeldung des Privat-PKW zum Einsatzwagen. Erstes Wildwasser-Langstrecken-Schwimmen Österreichs von Imst nach Telfs unter dem Ehrenschutz von BM, KR Adolf Walch. (Mit Plattner und Fiegl).

Gründer und Einsatzleiter – Einsatzstelle Ötz.
Einsatzleiter der ersten Rettungsschwimmer-Schauübung im Schwimmbad Ötz. Haupteinsatzleiter der Großsuchaktion im Inn bei Stams. Gründer der Einsatzstelle Piburg. Einsatzleiter der ersten Schauvorführung am Piburger-See.
Langstrecken-Wildwasser-Schwimmen Telfs–Innsbruck. Ehrenschutz BM Helmut Kopp (mit Plattner, Pohl, Covi).

Wahl zum Landesjugendwart von Tirol.

Mehrmalige Teilnahme – Sonnwendschwimmen Innsbruck. Mehrmaliger Rettungsdienst bei Paddelbootmeisterschaften. Zahlreiche Teilnahme bei verschiedenen Rettungseinsätzen in Tirol. 7 Lebensrettungen, ca. 60 schwere Erste-Hilfe-Leistungen und über 1000 leichte Erste-Hilfe-Leistungen.

Beschaffer zahlreicher Rettungsgeräte. z. B. 5 Maß-Neopren-Anzüge vom Lions Club Telfs, der Firma »Camaro«.

Durchschwimmen »Imster Schlucht«. Einsatzleiter des Sicherdienstes bei der größten Schlauchbootdemonstration der Jugendclubs am Inn. (Über 100 Boote)

Gedenkschwimmen von Landeck nach Imst.

Vortragender an der Univ.-Klinik Innsbruck »Wasserrettungswesen«.

Rekordschwimmen »Landeck–Innsbruck«.

Erste Foto-Ausstellung in der großen Sparkassenhalle »Naturgewalt Wasser«. (Die Ausstellung wurde 3 Wochen verlängert.)

Bis heute zahlreiche Reportagen.

REPORTAGEN IM ORF:
Sport am Montag
Österreichbild 4 x
Tirol Heute
Landesrundschau Tirol 2 x
Ö 3-Magazin
Der Totz'nhacker
(Ehrentotzen für Lebensrettung)

REPORTAGEN:
Guiness-Buch der Rekorde
Österreichisches Buch der Rekorde
Tiroler Tageszeitung

Kurier
Blickpunkt
Bunte Österreich
Bella
Hör zu
Neue Vorarlberger Tageszeitung
Vorarlberger Nachrichten
Unterm Pflaster
Imster Bezirksblatt
Sonntagspost
Wörgler Rundschau
Tip
Salzburger Nachrichten
Kronen Zeitung
Neue Tiroler Zeitung
Tirol Kurier
usw.

Ein ausgesprochen lebensgefährlicher Rekord gelang dem Innsbrucker Karl-Heinz Lauber. Er legte in 8,5 Stunden die 114 Kilometer lange Wildwasserstrecke Landeck–Innsbruck schwimmend zurück und hält damit den Rekord im Wildwasserschwimmen. Vor einer Nachahmung dieses Husarenstücks sei dringend abgeraten.

Beschwommene Strecken:
- **Inn Landeck–Innsbruck**
- Landecker Schlucht
- Imster Schlucht 2 x
- Schlierenzau 3 x
- Teilstrecken Ötztaler Ache 2 x
- Teilstrecken der Brandenberger Ache 2 x
- Kramsacher Ache 7 x

- Teilstrecken der Engadin-Schlucht (Schweiz)
- Teilstrecken der Sillschlucht 4 x
- Untere Sill 4 x
- Teilstrecken der Sanna 6 x
- Teilstrecken der Trisanna 4 x
- Inn Innsbruck–Hall 9 x
- Inn Landeck–Imst
- Inn Imst–Telfs
- Inn Telfs–Innsbruck 2 x
- Inn Zirl–Innsbruck 64 x

Wildwasserschwimmen. Der Physiotherapeut Karl-Heinz Lauber aus Innsbruck (Österreich) hat ein Hobby; er schwimmt in wilden Wassern. Als Erster legte er auf dem Inn die 114 km lange Wildwasser-Strecke Landeck/Innsbruck in Etappen zurück.

Literatur

50 Weisheiten – 2. Auflage
ISBN 978-3-85251-367-6

Anleitung zur Behandlung von Bewegungsstörungen durch Schwimmen

Selbstbehandlung bei Muskelfunktionsstörungen und Wirbelsäulenerkrankungen
ISBN 3-7022-1685-5

Lehrbuch für medizinische Massage
ISBN 3-7022-1727-4

100 Tipps für ein besseres Leben
ISBN 3-9500916-0-2

Der Killermasseur
ISBN 978-3-8448-2927-3

Selbstheilung von Rückenschmerzen durch Schwimmen
ISBN 3-9500916-2-9

VGH Volksgesundheit »… non est propheta sine honore nisi in patria sua et in domo sua …«
ISBN 3-9500916-3-7

Extremschwimmen
ISBN 978-3-85251-529-8

Medizinische Massage
ISBN 3-9500916-4-5

Massage-Philosophie
ISBN 978-3-8448-3121-4

Exklusive Weisheiten
ISBN 978-3-8483-3813-2

Medizinische Massage
Wissenschaftliche Fachdisziplin

Nackenschmerzen
Wahrheit – Lüge
ISBN 978-3-7357-3595-9

Elli und Carli
ISBN 978-3-7412-0324-4

Lina muss dringend nach Hause
ISBN 978-3-7481-6924-6

Rauchen
ISBN 978-3-7494-3413-8

Arbeit
ISBN 978-3-7519-1044-6

Schmerzfreier Rücken
ISBN 978-3-7534-4975-3